Couvertures supérieure et inférieure
en couleur

RESTAURATION DE L'ÉTAT.

Par M. PONCET DE LA GRAVE,
Cenſeur Royal, &ç. &c. &c.

A ROME;

Et ſe trouve à Paris,

Chez MOUTARD, Imprimeur-Libraire de la
Reine, rue des Mathurins, Hôtel de Cluni.

1789.

AU ROI
ET A LA NATION.

Le premier Trône étoit un gazon façonné,
Et le premier Monarque un Pasteur couronné ;
La douceur du Berger , ses soins , sa vigilance
Sont les devoirs des Rois au sein de leur puissance :
La richesse du Peuple est le trésor des Rois ;
Qu'elle soit & le but & le prix de vos Loix.

DEPUIS six mois , nous sommes inondés de
Brochures de toutes les especes ; les unes pour,
les autres contre le Tiers-Etat ; comme si dans
un Etat Monarchique on devoit compter des sujets de plusieurs classes , comme si tous , fussent-
ils d'une nature diférente , d'une espece variée
par la structure , par la couleur ou par la forme,
étoient des êtres étrangers les uns aux autres.
La question des priviléges , de la naissance , des
dignités , des rangs , agite toutes les têtes , les
unes modérées , les autres fanatiques. Ces écrits
sont une guerre de papier , une guerre de fait
entre les citoyens , guerre infiniment dangereuse
par ses conséquences. Toujours la distinction entre
les Ordres fait la base des écrits bons ou mau-

vais ; toujours le prôneur du Clergé & de la Noblesse veut ravaler le Tiers - Etat , & celui du Tiers-Etat se plaint amérement du Clergé & de la Noblesse. Les priviléges , les pensions , les dignités font , dit - on , exclusivement affectées, données à la Noblesse & au Clergé : le Peuple seul n'a rien ; la richesse est pour ces deux Ordres , & la misere ainsi que les charges accablantes pour le dernier.

Quel est le foyer de toutes ces disputes interminables ? L'ignorance des principes; oui, la parfaite ignorance des principes. Essayons de le démontrer , non au Clergé, à la Noblesse , au Tiers-Etat , car cette division n'est qu'une mauvaise , une vicieuse construction de mots vides de sens; oui, mes chers compatriotes , je veux vous prouver , vous démontrer qu'étant tous François , tous vivans sous l'empire du même Monarque , des mêmes Loix , nous sommes tous, tous sans exception, sans distinction d'Ordres , obligés de contribuer au soutien du Trône & à la défense de la Patrie; que les dettes de l'Etat sont les nôtres ; qu'il faut les payer, nous mettre au niveau des affaires de notre famille , la rendre heureuse , & faire notre bonheur commun. Laissez, laissez, de grace, brouiller du papier à tous nos faiseurs de Brochures : occupons-nous très-sérieusement de liquider nos biens patrimoniaux; cherchons à faire disparoître le déficit considérable qui nous mine insensiblement; cherchons ensuite à diminuer la dette publique; trouvons un remede à nos maux dans le sein du mal même ; cherchons à soulager nos freres, à les enrichir, afin qu'ils puissent plus facilement con-

tribuer aux befoins de l'Etat ; cherchons à rendre
notre Monarque heureux en lui facilitant les
moyens de fournir à la fplendeur du Trône, &
aux dépenfes inféparables d'une grande & cou-
teufe Adminiftration ; prouvons à nos alliés & à
nos ennemis, que nos reffources font bien au
deffus de nos befoins actuels & futurs, s'ils pou-
voient jamais renaître, & au lieu de parler &
d'écrire continuellement de notre maladie, appli-
quons-y un remede infaillible, d'abord la bonne
volonté, enfuite celui qui eft fous notre main.
J'efpere, mes freres, vous démontrer que rien
n'eft plus fenfible, que rien n'eft plus aifé, &
que fi on avoit voulu m'entendre, il y a long-
temps que nous ferions de la plus vigoureufe
fanté : mais tel eft le malheur de notre pauvre
Conftitution nationale, que la plupart des Ad-
miniftrateurs fe font crus jufqu'ici univerfels,
& qu'ils ont dédaigné des lumieres étrangeres
aux leurs, comme fi la Providence n'en avoit
accordé qu'à ceux que le hafard fouvent plus que
le mérite conduifent au Miniftere. Pour parvenir
à développer matériellement mes idées, qui toutes
n'ont pour objet que le bonheur de la Nation,
établiffons d'abord quelques principes, enfuite
des faits, & terminons par trois plans libératifs
de la dette publique, en même temps qu'ils éta-
bliffent irrévocablement & à perpétuité l'aifance,
la richeffe même du Souverain & des fujets.

La Souveraineté eft cette autorité publique qui
commande dans la Société civile, qui ordonne
& dirige ce que chacun y doit faire pour en
atteindre le but. Cette autorité appartient originairement & effentiellement au corps même de

A iij

la Société auquel chaque Membre s'eft foumis & a cédé les droits qu'il tenoit de la Nature, de fe conduire en toutes chofes fuivant fes lumieres, par fa propre volonté, & de fe faire juftice lui-même ; mais le Corps de la Société ne retenant pas à foi cette autorité fouveraine, & prenant le parti de la confier à une feule perfonne, cette perfonne dans un Etat Monarchique devient le Souverain, le Roi : de là il eft évident que les hommes ne forment une Société politique, & ne fe foumettent à fes loix que pour leur propre avantage & leur falut : l'autorité fouveraine n'a donc été établie en France que pour le bien commun de tous les Citoyens, & il feroit abfurde de penfer qu'elle puiffe changer de nature en paffant dans les mains d'un Monarque. La flatterie ne peut donc difconvenir, fans fe rendre également ridicule & odieufe, que le Souverain n'eft uniquement établi que pour le falut & l'avantage de la Société.

Un bon Prince, un fage Conducteur de la Société, doit donc être bien rempli de cette grande vérité, que la fouveraine puiffance ne lui eft confiée que pour le falut de l'Etat & le bonheur de tout le Peuple, qu'il ne lui eft pas permis de fe chercher lui-même dans l'adminiftration des affaires, de fe propofer fa propre fatisfaction ou fon avantage particulier ; mais qu'il doit rapporter toutes fes vûes, toutes fes démarches, au plus grand bien de l'Etat & des Peuples qui lui font foumis.

Une troupe de lâches Courtifans perfuade fans peine à un Monarque orgueilleux que la Nation eft faite pour lui, & non pas lui pour la Nation.

Il regarde bientôt le royaume comme un patri-
moine qui lui eft propre, & le Peuple comme
un troupeau de bétail dont il doit tirer fes ri-
cheffes, & duquel il peut difpofer pour remplir
fes vûes & fatisfaire fes paffions. De là ces guerres
funeftes entreprifes par l'ambition, l'inquiétude,
la haine ou l'orgueil ; de là ces impôts accablans,
dont les derniers font diffipés par un luxe ruineux, ou par des dons faits fans difcernement ;
de là enfin les places importantes données à la
faveur, le mérite envers l'Etat négligé, & tout ce
qui n'intéreffe pas directement le Souverain, aban-
donné aux Miniftres & aux fubalternes. Qui re-
connoîtroit dans un pareil Gouvernement une
autorité établie pour le bien public ?

Un bon Prince doit être même en garde contre
fes vertus. Ne difons point, avec quelques Ecri-
vains, que les vertus des particuliers ne font
pas les vertus des Rois : maxime de Politiques
fuperficiels, ou peu exacts dans leurs expreffions.
La bonté, l'amitié, la reconnoiffance, font encore des vertus fur le Trône, & plût au Ciel
qu'elles y fuffent toujours ! mais un Roi fage
ne fe livre pas fans difcernement à leurs impref-
fions ; il les chérit, il les cultive dans fa vie
privée. Dès qu'il agit au nom de l'Etat, il n'é-
coute que la juftice & la faine politique ; &
pourquoi ? parce qu'il fait que l'Empire ne lui
eft confié que pour le bien de la Société, &
qu'il ne doit pas fe chercher lui-même dans l'u-
fage qu'il fait de fa puiffance. Il tempere fa
bonté par la fageffe, il donne à l'amitié fes fa-
veurs domeftiques & privées, il diftribue les
charges & les emplois au mérite, les récom-

penfes publiques aux fervices rendus à l'Etat ;
en un mot, il n'ufe de la puiffance publique
qu'en vûe du bien public. Tout cela eft compris dans ce beau mot de Louis XII : *Un Roi
de France ne venge point les injures d'un Duc
d'Orléans.*

Le Souverain repréfente fa Nation, qui lui a
tranfporté fes obligations & fes droits autant
qu'ils fe rapportent à l'adminiftration de l'Etat &
à l'exercice de l'autorité publique. Ce n'eft point
avilir la dignité d'un grand Monarque, que de
lui attribuer ce caractere repréfentatif ; au contraire, rien ne la releve avec plus d'éclat, puifque
par-là le Monarque réunit en fa perfonne toute
la Majefté qui appartient au Corps entier de la
Nation. Le Souverain ainfi revêtu de l'autorité
publique, de tout ce qui fait la perfonnalité
morale de la Nation, fe trouve par-là chargé
des obligations de cette Nation, & muni de fes
droits, dépofitaire de l'Empire, du pouvoir de
commander tout ce qui convient au bien public,
il doit, en pere tendre & fage, en fidele Admi-
niftrateur, veiller pour la Nation, prendre foin
de la conferver, de la rendre plus parfaite, d'a-
méliorer fon état, & de la garantir autant qu'il
fe pourra de tout ce qui menaceroit fa fûreté
ou fon bonheur. Cette puiffance du Souverain eft
toujours limitée & réglée par les Loix fondamentales de l'Etat. Ces Loix marquent au Prince l'é-
tendue & les bornes de fon pouvoir, & la maniere dont il doit l'exercer. Le Prince eft donc
étroitement obligé, non feulement à les refpecter,
mais encore à les maintenir. La Conftitution &
les Loix fondamentales font le plan fur lequel la

(9)

Nation a réfolu de travailler à fon bonheur ; l'exé-
cution en eft confiée au Souverain ; il eft , en
vertu de cette puiffance, le Gardien, le Défen-
feur des Loix, obligé de réprimer quiconque
ofera les violer : pourroit-il les fouler aux pieds
lui-même ?

Le Prince revêtu de la puiffance légiflative ,
peut, fuivant fa fageffe, & lorfque le bien de l'Etat
le demande, abolir les Loix non fondamentales,
& en faire de nouvelles ; mais tandis que les
Loix fubfiftent, le Souverain doit les maintenir
& les obferver religieufement. Elles font le fon-
dement de la tranquillité publique,& le plus ferme
appui de l'autorité fouveraine. Tout eft incertain,
violent, fujet aux révolutions, où l'on veut faire
régner un pouvoir arbitraire. Il eft donc du vé-
ritable intérêt d'un Monarque, comme de fon
devoir, de maintenir les Loix & de les refpecter ;
il doit s'y foumettre lui-même. Nous trouvons
cette vérité établie dans un écrit publié pour un
Prince des plus abfolus que l'Europe ait vu régner,
pour Louis XIV.

» Qu'on ne dife point que le Souverain ne
» foit pas fujet aux Loix de fon Etat , puifque
» la propofition contraire eft une vérité du droit
» des gens, que la flatterie a quelquefois atta-
» quée, & que les bons Princes ont toujours
» défendue comme une Divinité tutélaire de
» leurs Etats «.

Ce principe facré fut la règle des confeils que
François Ier. qui aimoit tendrement fon Peuple,
donna à fon fils en mourant.

» Mon enfant, dit ce Prince au Dauphin ,
» les fils doivent imiter les vertus de leurs peres,

» & non pas leurs vices : les François font le
» meilleur Peuple qui foit au monde, & mé-
» ritent d'autant plus d'être bien traités, qu'ils
» ne refufent rien à leurs Rois dans leurs be-
» foins. Vous allez devenir leur Maître & non
» pas leur Tyran, régnez en pere & non pas en
» defpote «.

Cependant, de toutes ces obligations impofées
au Souverain, réfulte la néceffité des fubfides pour
le falut, le bonheur & la confervation des Peuples : nous verrons tout à l'heure à qui le Prince
doit confier l'adminiftration de leur produit ;
occupons-nous actuellement de ce qui les né-
ceffite.

1°. Le Souverain doit être entretenu d'une
maniere convenable : c'eft une reconnoiffance
que fes Peuples lui doivent des foins qu'il eft
cenfé prendre pour leur profpérité ; il eft même
de la dignité d'une Nation que fon Prince vive
avec fpendeur. Un Peuple qui fe refufe à fournir les fubfides néceffaires & proportionnés aux
befoins bien réglés, eft un enfant opiniâtre qui
refufe de rendre à fon pere une petite portion
des douceurs que celui-ci lui donne tous les
jours en abondance, en s'occupant d'entretenir
la paix intérieure & défendant les frontieres.

2°. Les Princes de fa Maifon ont befoin d'a-
panages conformes à leur naiffance ; l'Armée,
la Marine coutent des fommes immenfes ; les
Miniftres d'Etat & les Employés dans les affaires civiles doivent être payés ; les négociations
font couteufes, la Police coute fort cher ; les
grands chemins, les ponts & chauffées, l'entretien des fortereffes, &c. occafionnent des dé-

penfes confidérables ; & ces dépenfes, quoique faites avec la plus grande économie, vont toujours fort loin. Qui doit payer ces dépenfes néceffaires & inévitables ? Les fujets ; c'eft-là leur obligation, puifque c'eft pour leur tranquillité que le Souverain eft obligé de les faire. Il s'enfuit donc qu'un Roi doit être entretenu par fes Peuples fans diftinction d'ordre, de rang ni de qualité, & qu'il faut des revenus.

Ces revenus, qu'on appelle revenus publics, revenus de l'Etat, revenus du Souverain dans le fens le plus général, proviennent de deux fources : ou *des Domaines*, ou *des Contributions*. Quant aux domaines du Roi, leur produit ne mérite guere d'entrer en ligne de compte, fur tout ceux qui lui font propres & féparés de l'impôt.

C'eft donc la contribution de tous les fujets à la dépenfe publique qui fait le revenu de la caiffe de l'Etat ; mais cette contribution doit être proportionnée aux befoins de l'Etat & du Prince ; en vain auroit-il le droit d'impofer ces charges, il devroit le faire avec fageffe ; & toutes les fois que la Nation fe trouve opprimée par leur multiplicité, elle a le droit inconteftable de vérifier fa recette & fa dépenfe, l'emploi qu'on a fait des deniers publics, & les raifons de l'augmentation progreffive d'un impôt qu'elle ne peut plus payer fans fe ruiner & fans fe priver du néceffaire.

Le Souverain eft fouvent trompé ; on abufe de fon autorité, on le fait manquer à fes engagemens les plus facrés ; tout fouffre, tout languit, les efprits s'échauffent, la révolution fe prépare, l'Etat eft en danger.

Dans une pareille circonſtance, doit-on croire que le Souverain a abuſé de ſon pouvoir, qu'il a conſommé le revenu public en folles dépenſes, que la répartition de l'impôt dans une inégalité frappante eſt ſon ouvrage ? Non ſans doute : car étant moralement impoſſible qu'il puiſſe connoître par lui-même tout le détail des beſoins de l'Etat, qu'il puiſſe régler & lever les contributions, les employer ſur une juſte répartition, & en tenir des comptes & des regiſtres exacts, il faut néceſſairement qu'il place ſa confiance dans un Miniſtre qui ſouvent le trompe, foule les Peuples inégalement, ſe prête à des dépenſes folles qui ruinent par anticipation la caiſſe nationale.

D'ailleurs, environné de flatteurs, de ſéducteurs, il confie fort ſouvent ce miniſtere, le plus intéreſſant de tous, à des êtres incapables. S'il a le bonheur de fixer ſon choix ſur un homme ſage, économe, intelligent, cet homme a autant de rivaux que de prétendans à ſa place, & le nombre des ambitieux n'eſt pas petit ; autant d'ennemis que de demandeurs de choſes injuſtes & onéreuſes aux citoyens : il eſt d'ailleurs contrecarré dans ſes opérations par les conſeillers du Souverain, qui veulent diſcuter ſes plans, les critiquer, les faire échouer, parce qu'ils ne ſont pas leur ouvrage. Rien n'eſt ſi dangereux pour l'Etat, que ces autels contre l'autel du Miniſtre des Finances : tout partage de puiſſance diminue ſa force & ſon activité, c'eſt un axiome inconteſtable. L'envie, l'ambition, & pluſieurs autres paſſions ſi naturelles aux gens en place, font détruire par une main ce que l'autre a

bâti ; le Souverain n'entend plus que des rap-
ports qui fe croifent, il court rifque à tout moment de prendre de fauffes réfolutions ; en un
mot, les Finances d'un Etat doivent être fous la
direction d'un feul chef, fans partage d'autorité,
fans rivalité : nommer deux Généraux pour commander une armée, ou divifer le pouvoir du
Miniftre des Finances, c'eft commettre la même
imprudence. Un feul doit donc fuffire ; feul comp-
table, feul garant de la caiffe nationael & de fa
geftion, c'eft à lui à mériter la confiance du
Souverain & la reconnoiffance publique. L'em-
barras eft de trouver un homme fage, éclairé,
capable de bien adminiftrer, qui aime la Nation, qui en foit chéri ; ce Miniftre doit avoir
de grandes lumieres, une grande capacité : ef-
fayons de crayonner fes devoirs & les connoif-
fances qu'il doit avoir ; ceci n'eft pas indiffé-
rent aux trois plans que je veux propofer.

Le grand art d'un Miniftre des Finances con-
fifte :

1°. A bien connoître l'Etat, fes befoins an-
nuels & extraordinaires, fes dettes, & le moyen
de les payer fans retranchement ; car les engagemens du Souverain, qui font ceux de la Nation,
doivent être inviolables, & de leur rigide ob-
fervation dépend le crédit national. Tout Miniftre qui engage le Prince à les trahir, mérite
l'infamie.

2°. Il doit procurer aux fujets toutes les reffources poffibles pour s'enrichir, & pour pouvoir
contribuer beaucoup aux befoins de l'Etat.

3°. Imaginer la maniere la plus commode &

la moins onéreuſe de lever les impôts & de per-
cevoir les revenus.

4°. De régir ſagement les domaines, & en
tirer tout le parti poſſible en les affermant à
des Compagnies ſolvables qu'il doit charger de
rembourſer les Engagiſtes.

5°. De faire un bon emploi & une juſte répartition des deniers publics qu'on a recueillis.

6°. Les contributions, ſous ſon adminiſtra-
tion, doivent être réparties avec une égalité
proportionnelle ; c'eſt-à-dire que tous les ſujets,
ſans diſtinction, &, s'il eſt même poſſible, les
étrangers qui ſe trouvent dans l'Etat, concou-
rent chacun ſelon leurs facultés & leurs richeſſes
à les payer.

7°. Que le payement de l'impôt cauſe aux
Citoyens le moins de diſtraction qu'il eſt poſſible, & qu'il leur évite toute ſorte de vexation
à ce ſujet.

8°. Que chaque contribuable puiſſe acquitter
ſa quote-part de la maniere qui lui eſt la plus
commode, dans le temps qu'il eſt le mieux en
état de payer.

9°. L'Etat ayant des dettes, le Miniſtre des
Finances doit, avant toutes choſes, trouver les
fonds pour l'acquit des intérêts : de la ponctua-
lité de ces payemens dépend le crédit public,
qu'il eſt de la derniere importance de conſerver,
d'accroître, ou de recouvrer.

10°. Enfin, de tenir des regiſtres & des
comptes exacts de la recette & de la dépenſe
générale de l'Etat.

Mais comment le Miniſtre des Finances par-

viendra-t-il à bien remplir les obligations indif-
penfables que nous venons de tracer bien légé-
rement & par fimple apperçu, s'il eft choifi par
le Souverain comme au hafard, par faveur, par
intrigue ? Comment pourra-t-il bien adminiftrer
les Finances d'un grand Royaume, lorfque fort
fouvent, ou prefque toujours, il n'a vu les Provinces ou les campagnes que dans la capitale,
dans une ville de Province, ou des fenêtres
de fon château ? C'eft chofe impoffible, il rem-
plira toujours mal fa place, & aggravera le fort
des Peuples. En effet, fans une connoiffance parfaite du pays fur lequel un Miniftre des Finances travaille, il ne fçauroit prendre que de
fauffes mefures, & ce n'eft point en tâtonnant
qu'on procure la félicité d'une Nation ; il faut
connoître la fituation locale, l'air, le climat,
la nature du terroir, le degré de fertilité, les
fleuves, les rivieres, les productions naturelles,
le génie des habitans de chaque Province, les
mers, les parages, les ports, les limites, les
voifins, les grands intérêts de l'Etat, fes forces,
fa foibleffe, fon fyftème politique ; tout cela &
mille autres particularités doivent être connues
à fond du Chef des Finances. Il doit enfin fe
pénétrer de cette vérité, que la plus grande per-
fection d'un Gouvernement eft quand fes maxi-
mes font telles, qu'elles enrichiffent le Souverain en rendant les Peuples opulens & heureux.
Pour parvenir à un but fi falutaire, il faut établir une Chambre de Finances dans la capitale
de chaque Province, préfidée par un Chef &
des Membres élus tous les deux ans dans la
même Province, fans diftinction d'ordre ni

de rang, charger cette Chambre de la régie particuliere de tout ce qui a du rapport aux Finances de cette Province ; les Magiftrats des villes & tous ceux qui ont quelque charge de régie à la campagne, rendroient compte de tout ce qui arriveroit à la Chambre Provinciale ; la Chambre Provinciale feroit fon rapport au Miniftre du Département des Finances de la capitale, qui auroit la direction de cette Province ; celui-ci examineroit les affaires & en feroit fon rapport au Miniftre des Finances, qui porteroit au Confeil du Souverain celles qui paroîtroient affez importantes pour mériter fon attention. C'eft ainfi qu'un Roi peut tout gouverner fans être diftrair de fes grands objets par des menus détails. C'eft ainfi qu'un habile Chef des Finances pourra concevoir de grands deffeins, les propofer à fon Maître, & les faire exécuter fans être croifé ou traverfé par les opérations contraires des Financiers fubalternes. C'eft ainfi que les limites de l'autorité d'un chacun feront exactement marquées, & que tous les rayons du cercle des Finances fe rapporteront à un centre commun.

Si les Miniftres des Finances avoient eu toutes ces qualités , les Finances n'auroient pas été livrées à la déprédation ; le Roi n'auroit pas à préfenter à la Nation affemblée le défordre de la caiffe nationale, fon déficit, & une maffe énorme de dettes qu'on lui a fait contracter par des emprunts progreffifs qui ont détruit le crédit de la Nation. Il faut cependant faire face à ce déficit, il faut payer les dettes. Diroit-on que ces dettes font les dettes du Roi, & non celles de l'Etat ? Que les Créanciers du Roi ne peuvent & ne doivent point avoir pour garans la Nation au nom de laquelle les emprunts n'ont pas été faits ; qu'il faut diftinguer les dettes contractées par le Souverain pour l'utilité commune, d'avec celles qui n'y ont aucun rapport ?

Je répondrai, avec cette vérité qui fait l'ame de ce que j'écris, que je connois cette diftinction, que je fais comment il faut claffer les dettes contractées par le Roi. En effet, il eft de principe inconteftable que

Toutes les dettes que le Souverain contracte pour épargner les fubfides extraordinaires en temps de paix ou de guerre ;

Toutes les dettes qu'il contracte pour augmenter l'induftrie, les manufactures & le commerce;

Toutes les dettes qu'il contracte pour prévenir la ruine de l'Etat, ou fa défenfe, font des dettes falutaires & juftes.

Toutes les dettes que le Souverain contracte pour affouvir un luxe mal entendu, pour faire des dépenfes inutiles, pour payer mal à propos des fubfides à des Puiffances étrangeres, ou leur donner des fecours pécuniaires qui ne tournent point au bonheur de la Nation, font des dettes très-pernicieufes, parce que le fonds fort abfolument de l'Etat, & que le Monarque n'étant que l'économe des biens de fes fujets, ne peut les divertir à un objet étranger.

Je fais auffi que l'immenfité des penfions données à des gens qui n'ont rendu aucun fervice à l'Etat, à des Baladins, par exemple, font un poids que les fujets ne doivent pas fupporter, parce qu'il n'eft pas permis au Souverain d'ôter aux uns pour donner aux autres ; qu'en matiere de contribution tout est d'une extrême conféquence, & que la moindre infraction conduit au défordre des Finances. L'homme fupérieur, l'homme utile doit fans doute être récompenfé ; mais s'il demande, il ne doit demander qu'une fois en prononçant fon nom, & il faut lui accorder fa demande.

Le Roi qui nous gouverne, bon, jufte, économe, bienfaifant, ne peut être placé dans la claffe des Princes diffipateurs ; les dettes qu'il a contractées ont eu pour but d'éteindre celles de fes prédéceffeurs, de faire face aux engagemens qu'il avoit pris de foutenir fes Alliés, & de payer les arrérages des rentes ; il a réformé fa propre Maifon armée & intérieure, ainfi que celle de fa digne Compagne : conféquemment les dettes qu'il a contractées font néceffairement les dettes de l'Etat. En effet, fes emprunts ont eu pour objet, non feulement les objets ci-deffus défignés, mais encore une Marine digne du nom François à créer, des fortifications à entretenir, des ports & digues à conftruire, & une guerre infiniment jufte & très-difpendieufe à foutenir.

D'après des faits auffi certains, la Nation doit payer les arrérages des fonds empruntés par le Souverain, & pourvoir au remboursement des capitaux. En effet, l'argent emprunté par le Roi ou fon prédéceffeur, a fait la fplendeur du Trône & le foutien de l'Etat.

Qu'on ne m'objecte pas que les Rois de France font toujours mineurs, qu'ils ne font qu'ufufruitiers d'une Couronne qui paffe à leur fils aîné

à titre de fubſtitution , & qui n'eſt pas obligé
de payer les dettes de ſes prédéceſſeurs ; qu'enfin les Loix fondamentales s'oppoſent à tout
emprunt du Souverain qui engage la Nation
ſans ſon conſentement , ſans quoi un Roi diſ-
ſipateur abſorberoit , par ſa ſeule volonté , toute
la fortune de ſes ſujets. Ce principe pourroit
avoir quelque application , ſi le Monarque ré-
gnant étoit entaché d'un pareil vice : mais qui
oſeroit donc le lui reprocher , lui qui ſe prive
des choſes même les plus néceſſaires à la ſplen-
deur de ſon rang , pour ſoulager ſes peuples ?

D'ailleurs, qu'appelez-vous Loix fondamentales, Critiques dénaturés ? Les Loix fondamentales , à mon avis , ne ſont reſpectables qu'autant qu'elles ne nuiſent pas aux intérêts d'une
foule de créanciers légitimes , & qu'elles aſſurent
à tous le repos & une ſûreté réciproque ; &
jamais nos Rois ne ſe ſont prévalus d'une préroga-
tive dont l'exercice funeſte au crédit public , à
nos mœurs & à nos fortunes , auroit flétri leur
gloire.

Penſer différemment, ſeroit faire du Royaume
de France une eſpece de ferme , & l'aſſujettir
à des miſérables petites Loix de ſubſtitutions
convenables ſeulement à des Particuliers. Le
Roi repréſente l'Etat , il repréſente la Nation ;
dire en effet aux Créanciers de l'Etat : Le Roi
ſeul eſt votre Débiteur , la Nation ne vous doit
rien , ſeroit une choſe injuſte & propre à ſéparer
à jamais les intérêts des Citoyens des intérêts
de l'Etat ; mais dire au Souverain : L'Ecrivain
qui n'a d'autre but que la félicité nationale ,
d'autre intérêt que la gloire de ſervir ſon Prince ,

eſt plus près qu'un autre de l'auguſte vérité. C'eſt ce que je vais prouver en établiſſant mon premier plan de libération de la dette publique.

Deſcends des cieux, févere Vérité,
Répands fur mes écrits ta force & ta clarté,
Et que l'oreille des Rois s'accoutume à t'entendre.
              VOLTAIRE, Henriade.

Tout l'art, tout l'eſprit, toutes les reſſources des Miniſtres des Finances, qui ſe ſuccedent comme les éclairs, ont juſqu'à préſent conſiſté en emprunts à conſtitution de rente perpétuelle ou viagere, en emprunts ſur les Provinces, même ſur l'Etranger, en loteries, en tontines, & on a fait manquer le Roi aux engagemens les plus ſacrés, les plus inviolables; l'autorité a changé la nature des contrats; des réductions ſe ſont opérées ſans égard pour la parole du Souverain; les tontines ont été anéanties ſans pudeur; les Fourniſſeurs payés en contrats qui, à la honte du nom François, ont perdu dès leur naiſſance la moitié & plus du capital pour lequel ils ont été donnés : l'agiotage des effets royaux a été porté au comble de l'uſure la plus infame, & l'effet royal a eu conſtamment moins de faveur que celui du dernier des Citoyens : les hypotheques ont été épuiſées, puiſqu'il y a un déficit de plus de 160 millions. Le Peuple eſt cependant écraſé ſous le poids énorme de l'impôt; l'agriculture & le commerce ſouffrent, la population languit, les frais de perception équivalent très-ſouvent à l'impôt; le Cultivateur eſt ruiné, le Roi eſt chargé d'une dette

immenfe, il en contracte tous les jours de nouvelles ; s'il furvient une guerre , qu'il faut toujours prévoir , il faudra encore emprunter, fi le
crédit n'eft pas entiérement épuifé , ou augmenter l'impôt, que les fujets ne pourront payer :
de là la ruine totale du Souverain, & des fujets
déjà furchargés d'un nombre infini d'effets royaux
qui ne peuvent fervir à leur libération vis-à-vis
du Souverain ni entre eux ; leur nombre eft
prodigieux , & malgré leur divifion en quatre
claffes , c'eft une fcience que d'en favoir les
noms. Voici feulement ceux de quelques-uns,
réduits cependant tous à un intérêt au deffous
de leur valeur originaire , qui auroit dû être
indélébile & facrée.

ETAT par claffes des rentes & autres charges
des Etats du Roi.

PREMIERE CLASSE.

1. Aides & Gabelles , Tailles , Rentes &
intérêts eccléfiaftiques , création de 1720 &
antérieures.

2. Poftes , Edit de Mai 1751.

3. Aides & Gabelles , Edits de Février 1770,
& Janvier 1777.

4. Cuirs , Edits de Mai 1760, & Juillet 1761.

5. Flandre maritime.

6. Offices Municipaux.

7. Guerre , Colonies.

8. Canada.

9. Cinquante millions.

10. Alface.

11. Annuités.

12. Converfion, Edit de Décembre 1764 en partie.

13. Rentes ci-devant dues par les Infpecteurs des vins.

14. Taxations en partie.

15. Les différens Offices fupprimés, énoncés en l'Arrêt du Confeil du 21 Août 1782.

16. Domaines & bois en partie.

IIe. CLASSE.

17. Aides & Gabelles, Edit de Juin 1720, & créations antérieures.

18. Deux fols pour livre, conftitués avant 1764.

19. Tailles à 1 p. $\frac{0}{0}$, intérêts & rentes, création de 1720.

20. Fortifications de Valenciennes, Rentes.

IIIe. CLASSE.

21. Aides & Gabelles, Edit d'Avril 1758.

22. Converfion de 1764 en partie.

23. Deux fols pour livre, conftitués depuis 1764.

24. Cuirs d'Août 1769.

25. Taxations en partie.

26. Compagnie des Indes.

27. Bretagne.

28. Actions des Fermes.

29. Quatrieme Loterie Royale.

30. Sixieme & feptieme des Offices fur les Ports.

31. Augmentation de gages.

32. Droits manuels.

33. Offices de Judicature.

34. Offices de l'Ordre de S. Louis.

35. Différens Offices autres que ceux de la premiere claſſe.

36. Augmentation de gages dans l'état des Tailles.

37. Domaines & bois en partie.

38. Fermes & Gabelles.

39. Fortifications de Valenciennes , intérêts.

I V^e. C L A S S E.

40. Augmentation de gages , rentes , taxations & dans l'état des Tailles.

41. *Idem* dans l'état des Domaines & bois.

42. Rentes des Communautés ſur les ports , autres que celles de la premiere claſſe.

Il y en a encore un grand nombre d'autres que je ne connois pas, les billets de la Caiſſe d'Eſcompte, & autres ; il y a auſſi des arrérages que le Roi paye aux Princes , à des Seigneurs , même à des Particuliers pour des ſommes dues , ſoit pour acquiſitions , ſoit pour des capitaux dus , ſoit enfin à la décharge des Princes ſes freres. Ces arrérages ſont encore très-conſidérables , & les Etats du Roi ſont chargés d'une infinité de noms de contrats qui embarraſſent les rouages de la machine de l'Etat, qui, dans tout bon Gouvernement, doit être ſimple & fermer l'entrée à un agiotage déshonorant pour le Prince, & ruineux pour les ſujets.

A l'eſquiſſe de tant de maux, il faut un remede doux, un remede dont on ſoit aſſuré

de l'effet, qui ne borne point la puiſſance royale ;
qui ne dérange point l'économie actuelle de la
perception de l'impôt, qui ſimplifie la dépenſe,
la rende facile, opere la libération du Souverain & celle entre les Particuliers, procure au
Prince un bénéfice réel & un avantage frappant
aux ſujets de tous les états, facilite les reconſ-
titutions, en abrege infiniment les délais, &
procure une circulation immenſe & lucrative pour
le Roi & les peuples. Pour parvenir à un but
auſſi ſalutaire, auſſi néceſſaire, il faut gagner
la confiance des Nationaux & des Etrangers,
il faut une hypotheque entiérement neuve, un
crédit nouveau, un Débiteur qui garantiſſe à
toujours la ſûreté des capitaux & des arrérages
d'iceux, indépendamment de tout changement
de regne & de tout événement poſſible. Le
Souverain a été juſqu'à ce moment conſidéré
comme le Débiteur perſonnel des emprunts par
lui faits. Cette fauſſe maxime, que le ſucceſſeur
ne peut être chargé d'acquitter les engagemens
de ſon prédéceſſeur, s'eſt accréditée dans l'eſprit de tous les peuples : de là la méfiance &
l'agiotage à bas prix des effets royaux ; de là les
pertes énormes ſupportées par les porteurs de
ces effets tombés dans un diſcrédit déshonorant.
Cependant, comme nous l'avons déjà prouvé,
les emprunts ayant ſervi à la choſe publique,
ſont la dette de la Nation ; car c'eſt pour la
ſoutenir & la défendre que ces emprunts ont
été faits. On ne prétendra ſans doute pas que
le Roi compte avec ſes ſujets de Clerc à
Maître ; la dette exiſte, il faut la payer ; elle
eſt reproduite ſous mille formes, il faut la

réduire à un seul effet national, négociable sans
reconstitution ; car le particulier le plus riche
en effets royaux, en contrats sur l'Etat, ne
peut se libérer de la plus petite dette avec ses
effets, sans supporter d'abord des frais ruineux
& des longueurs, ainsi que des pertes affreuses
lorsqu'il se détermine à faire le sacrifice d'un
effet ou d'un contrat. En vain, par un abus
révoltant, le Souverain a t-il réduit, de sa seule
autorité, ses engagemens à moitié ; j'avance avec
fermeté qu'il ne l'a pas pu sans blesser & les
Loix de l'Etat & toute Justice. Le sujet qui,
sur la foi d'un Edit Royal, sur la parole sacrée
du Souverain, sur la foi d'un enregistrement
légal ou vicieux, n'importe, a prêté 100,000 liv.
à l'Etat, à raison de 5 p. $\frac{o}{o}$ d'intérêt, doit recevoir en remboursement, quand il y aura lieu,
pareille somme de 100,000 l., & 5000 l. d'arrérages annuellement, sauf la déduction de sa
contribution aux besoins de l'Etat ; mais en aucun cas, le Prince, & encore moins le Ministre,
a-t-il pu, par l'effet de la volonté seule du Débiteur, réduire & le capital & les arrérages à
moitié. C'est une banqueroute déguisée qu'il n'a
pas été libre au Roi de faire, puisqu'il n'est pas
le vrai Débiteur, & qu'il n'est que le Repré-
sentant de la Nation débitrice, qui ne lui a
jamais donné le pouvoir ni la mission de la
faire aussi cruellement manquer à ses engagemens
les plus sacrés comme les plus respectables ; &
la Nation réunie sera toujours en droit de dire
au Souverain : Nous vous avons constitué notre
Roi pour édifier & non pour détruire ; nous
vous avons confié la défense de l'honneur na-

tional ; vous n'avez ni dû ni pu le flétrir ; nous approuvons la dette publique, telle qu'elle a été contractée par vous pour les befoins publics, mais nous méconnoiffons les pertes que vos Miniftres peu délicats veulent faire éprouver aux Etrangers & aux Nationaux. A des fentimens auffi fondés en principe d'équité que d'honneur, le Souverain ne peut rien oppofer, & la bonté de fon cœur lui fera canonifer une délicateffe louable, jufte, qui honore & fa perfonne & la Nation.

Cependant, dans ce moment, l'abus fe perpétue, l'ouvrage de la violence & de l'abus de l'autorité fubfifte, & un fujet honnête, un pere de famille que fes affaires obligent de vendre fur la place un contrat de 10,000 livres que le Souverain a reçues, eft d'abord dépouillé par le Débiteur de la moitié de fon capital, car il eft forcé de donner quittance de ces 10,000 livres, pour cinq qu'il eft cenfé recevoir ; l'Acquéreur morcelle ce dernier capital à fon tour, & ne lui donne de ces 5000 livres que 3500 livres ; il exige encore l'abandon des arrérages des fix mois courans, ce qui fait un objet de 125 livres ; il en coute 75 livres au moins de frais pour la reconftitution & droits de l'Agent de change ; de forte que pour un capital réel de 10,000 livres prêté au Roi ou à l'Etat, le malheureux Créancier ne retire qu'une fomme de 3300 livres. , Une opération de cette nature eft fans doute révoltante ; elle le paroît encore plus, lorfqu'on confidere qu'un pere de famille qui a rendu l'Etat dépofitaire de toute la fortune de fes enfans, en fuppofant un capital en contrats de 100,000 livres, ne leur laiffe, pour partager entre eux & s'alimenter, que le tiers à peu près de cette fomme qu'il devoit croire en fûreté dans les mains de l'Adminif-trateur de l'Etat, & conféquemment le Tuteur néceffaire de tous les fujets qui fe trouvent dé-pouillés par celui même qui eft chargé par la Nation de veiller à leur fûreté perfonnelle & à la confervation comme à la défenfe de leur for-tune.

Dans cette affreufe, dans cette défolante fi-tuation, trouvons un remede tel que le Ven-deur gagne, l'Acquéreur bénéficie beaucoup, & où le Roi, ou plutôt la Nation trouve un bénéfice tel, qu'elle paye les arrérages de toutes les rentes perpétuelles fans bourfe délier, & puiffe même rembourfer fucceffivement l'entier capital des prêts qui lui ont été faits; au moyen de quoi, quant à cet objet, l'impôt fe trou-vera libéré de cette charge, & n'en aura plus d'autre que les befoins réels de l'Etat. Opérons de maniere que le Porteur de l'effet royal ou plutôt national puiffe fe libérer fans une perte auffi forte que celle que nous avons démontré qu'il fupporte par la vente & la reconftitution, & cela dans un moment, à toute heure du jour, de maniere que le numéraire fe trouve prodigieufement augmenté, la circulation infi-niment plus confidérable, l'agiotage, qui eft le vautour de l'Etat, entiérement anéanti, le Sou-verain & fes fucceffeurs, ainfi que la Nation confiée à leurs foins, heureux, & conféquemment l'Etat jouiffant du plus grand crédit.

Pour opérer cette éclatante & heureufe révo-

lution , je propofe au Roi , & à la Nation ga-
rante de la dette nationale , fans aucun retranchement des capitaux :

Je propofe de fupprimer d'abord tous les contrats & effets royaux exiftans , fous quelque dé-
nomination qu'ils foient , tant ceux créés au nom
du Roi , que fous les noms des différentes Provinces & Etats quelconques , & ce par un Edit
dûment reconnu & regiftré par les Etats-Généraux de la Nation affemblée & repréfentée par
fes Députés.

En remplacement de ces contrats & effets ,
les mêmes Etats-Généraux , toujours préfidés par
le Souverain comme Chef fuprême & Adminif-
trateur de l'Etat , créeront un feul effet fous
le nom de contrat national , dont les moindres
doivent être de 500 livres , & les plus forts
de 1200 livres ; portant un intérêt annuel de
$2\frac{1}{2}$ pour $\frac{0}{0}$ pour ceux créés par l'Edit de converfion , puifque les Peuples ont déjà fouffert
cette réduction , mais confervant leur entier capital pour être rembourfé en entier fuivant leur
conftitution originaire : ce contrat devra être
reçu dans le Commerce & dans la Caiffe nationale pour comptant , comme le font les Billets de la Caiffe d'Efcompte ; mais avec un
avantage infiniment plus précieux , puifque d'un
côté ils produiront des intérêts , & que de l'autre
ils payeront un léger droit de mutation à la
Caiffe de la Nation. Pour prouver l'avantage de
ce contrat repréfentatif & remplaçant le contrat actuel en difcrédit prefque total , il faut con-
fidérer

Que le propriétaire pourra le garder comme

il confervoit l'ancien, qu'il pourra le donner en payement au Roi, à fes compatriotes ainfi qu'à l'étranger, avec une perte fi légere qu'elle ne fera prefque pas fenfible en la comparant à celle qu'il éprouve aujourd'hui ; enfin, que ce contrat étant national, fera à jamais garanti par la Nation, fera rembourfé en entier, qu'il facilitera fa libération, le payement de l'impôt, & fera tranfmis fans l'entremife d'aucun Agioteur. Je m'explique : ce contrat, qui n'augmente point la dette publique, puifqu'il ne fait que remplacer celui exiftant avec une fûreté & l'avantage de conferver l'entier capital qui eft réduit à moitié dans l'ancien, fera aifément tranfmiffible. Pour opérer cette démonftration, nous allons placer ici le contexte de ce contrat d'une maniere infiniment fimple.

Contrat national au capital de 1200 livres, à 2 & demi pour cent. N°. 1.

Pierre Duval eft propriétaire de 30 livres de rente fur l'Etat, au principal de 1200 livres, rembourfable de pareille fomme par la Caiffe nationale. A Paris, ce premier Mai mil fept cent quatre-vingt-neuf.

Ce contrat fera figné de l'un des quatre Directeurs généraux des Finances, & de l'un des quatre Contrôleurs de la Caiffe nationale, qui feront établis à cet effet.

Ces contrats feront imprimés en papier fait exprès, dont on compofera des regiftres ; chaque page contiendra deux colonnes ; le contrat en double fera imprimé fur chaque côté de la colonne, à l'exception du nom de baptême & de famille du propriétaire d'icelui, qui sera rempli lors de la premiere livraison desdits contrats ; savoir, sur celui remis au propriétaire, ses noms, surnoms seront écrits de sa main, & en même temps il signera le double de celui qui restera comme minute sur le registre de la Caisse nationale. Lorsqu'il voudra donner son contrat en payement, ou le céder, il se présentera à la Caisse ; le Commis chargé du registres P. vérifiera la signature du cédant avec celle du registre, & l'ayant trouvée conforme, il bâtonnera les signatures sur la minute de l'expédition ; & si l'acquéreur a un autre nom que celui de Pierre, Paul, & non dépendant de son registre P. il mettra au dos de l'expédition, vu bon à reconstituer ; alors le vendeur & l'acquéreur iront au Bureau de la lettre initiale du nom de l'acquéreur, & le Commis de ce Bureau retirera l'expédition bâtonnée & visée du Commis de la lettre P. & expédiera un nouveau contrat sous le même N°. 1. à l'acquéreur, auquel il fera signer la minute & l'expédition ; de là l'un & l'autre passeront au cabinet du Directeur, & ensuite du Contrôleur, qui signeront seulement l'expédition, car les minutes le feront par anticipation, pour abréger les délais & faciliter le travail.

Pour opérer cette reconstitution, qui dure ordinairement un mois dans l'état des choses, & coute des sommes considérables au vendeur, & qui sera faite en peu de momens, ce qui est déjà un très - grand avantage pour la circulation & le commerce, le vendeur payera

1 p. ⅖, & l'acquéreur 1 livre 4 f. pour l'expédition du nouveau contrat national ; en forte que pour un contrat de 1200 livres, il payera 13 livres 4 f. ; au lieu que dans la forme actuelle, outre les frais de reconftitution, qui font toujours les mêmes pour une moindre comme pour une forte partie, il perd 25 p. ⅖ fur la moitié du capital qui lui refte, & 75 livres pour les frais ; de forte que fur 1200 livres, le vendeur perd d'abord la moitié du capital, comme à la vérité il le perdra auffi ; mais fur les 600 livres reftant de ce demi-capital, il fupporte pour la perte du quart de ce demi-capital, 150 livres d'une part, & 75 livres de l'autre : au total, fans les longueurs fouvent ruineufes, 225 livres. Dans la nouvelle opération, il payera feulement 13 livres 4 f., & gagnera conféquemment 211 livres 16 f. fur un mince capital de 1200 livres, réduit à 600 liv. dans l'état actuel, & fera encore dédommagé par les fix mois d'arrérages qu'il aura reçus, s'il vend ou cede en payement fon contrat national après le premier Juillet, ce qui lui aura produit 15 livres de rente, avec lefquelles il paye ce léger droit de mutation. L'avantage de cette opération, foit pour le vendeur ou ceffionnaire, foit pour l'Etat, eft, ce me femble, très-fenfible & fort lucratif, fur-tout fi l'on confidere que ce vendeur, fur un contrat national de 1200 livres, premier capital, & fur celui actuel de 600 liv., économife réellement 211 livres, & fe libere avec une facilité prompte & réelle.

Il eft vraifemblable que la fuppreffion de tous les contrats actuels, & leur nouvelle forme en contrats nationaux réduits à 1200 livres pour la plus forte fomme, les feront circuler dans le commerce avec une vîteffe étonnante, & conféquemment produiront un revenu immenfe à la Caiffe nationale, en venant au fecours des propriétaires, & diminuant confidérablement les pertes que l'Agiot leur fait éprouver. Avec ce produit, on payera à la même Caiffe nationale les arrérages; on déchargera l'Etat de 125,000,000 qu'il paye pour cet objet, & on pourra tous les deux ans rembourfer une partie de ces mêmes contrats fur le pied de leur premier capital, & cela par la voie du fort, en tirant des roues de fortune le nombre des billets relatifs aux fommes deftinées aux rembourfemens. Pour y parvenir avec égalité & impartialité, il y aura autant de roues de fortune qu'il y a de lettres de l'Alphabet, & on en tirera de chacune un nombre égal par divifion qu'il y aura de fonds pour opérer de rembourfemens. Tel eft, mes chers Compatriotes, le premier plan de libération que j'ai conçu; je le crois utile, je le crois avantageux aux fujets & à l'Etat.

Un projet de cette nature auroit dû, fans doute, être écouté, pefé, difcuté, approfondi par le Miniftre des Finances, & peut-être n'auroit-il pas dû être rendu public; mais je n'ai pas pu réuffir à me faire entendre : en vain des Miniftres célebres, mais dont ce n'étoit pas la partie, l'ont-ils recommandé aux Miniftres des Finances; en vain des perfonnes du rang le plus éminent & bons politiques, en ont-ils parlé avec éloge fans le découvrir; en vain en

ai-je

ai je fait remettre l'apperçu au Roi, à tous les Princes. On auroit cependant dû prévoir ce que la Nation doit craindre & ce que j'appréhende moi-même ; ce que je fens, qu'un Projet prefenti, quelque fimple & quelque utile qu'il puiffe être, fera combattu ; parce qu'il eft utile. La foule des méchans, intéreffés aux abus, fe ferrera, fe réunira, & formera des complots ; mais comme la vertu a quelquefois l'audace qui caractérife le vice, j'efpere que la Nation affemblée frappera le coup régénérateur, & que dégagée des ménagemens timides & pufillanimes, elle ne laiffera pas le temps au mal de s'enraciner, & ne croita pas à l'impoffibilité de faire le bien de l'Etat & de tous les Membres de la Société.

DEUXIEME PLAN de la Reftauration de la chofe publique, ou extinction du déficit, montant, en 1788, à la fomme de cent foixante millions, 827,492 livres.

Contribution volontaire.

Il paroît par le Mémoire que M. Defmarets, Contrôleur-Général des Finances, préfenta en 1717 au Duc Régent, qu'à la mort de Louis XIV, arrivée en 1715, la France devoit 1168 millions 477,676 livres à 30 francs le marc, & que les plus clairs revenus de l'Etat étoient outre cela confommés par avance pour quelques années. Comment payer ces dettes immenfes ? comment entretenir déformais l'Etat ? On propofa divers expédiens que M. le Régent rejeta

C

tous ; entre autres celui de déclarer l'Etat infol-
vable , & de faire une banqueroute formelle.
C'eût été en effet le plus mauvais parti qu'on
pouvoit prendre : cependant, comme dans ce moment la fituation des affaires paroiffoit défefpé-
rée, Law parut ; il conçut le plus beau plan
pour les rétablir , qui foit jamais forti du cer-
veau d'un habile Financier, plan qui auroit fait
l'admiration de l'Europe entiere & des fiecles
futurs , fi la fougue de la Nation Françoife, qu'il
n'étoit pas le maître de retenir , & quelques
mauvaifes manœuvres du Régent, ne l'euffent
porté au de là du but & des bornes naturelles.
Avec les réffources qu'a toujours un Royaume
auffi grand, auffi bien fitué que la France , avec
celles du grand génie , il trouvoit moyen d'acquitter ces dettes immenfes par une opération
douce, qui ne donnoit point de fecouffe à la
Nation, qui ne ruinoit pas le Créancier de l'Etat,
au contraire, qui devenoit une nouvelle fource
de profpérité. Je ne m'arrêterai pas à développer fon fyftême calculé avec le commerce qu'il
établit alors ; je pafferai tout de fuite à mon
plan de libération.

Je n'ai parlé de la dette de Louis XIV , ou
de l'Etat à la mort de ce Monarque , que pour
faire voir à mes Lecteurs combien la dette s'eft
accrue depuis cette malheureufe époque, puifqu'indépendamment des rentes perpétuelles &
viageres que nous devons, ainfi que des dettes
extraordinaires que le Roi a contractées au nom
de la Nation, nous devons un déficit feulement, tant pour l'année 1788 que les fuivantes,
un capital qu'on peut apprécier, d'après l'em-

prunt projeté par le Roi de 500 millions, à
un milliard, pour nous placer dans une position
telle que Sa Majesté puisse, en remplissant les
remboursemens promis successivement, déchar-
ger les Peuples d'une légere partie de l'impôt,
rétablir sa Maison Militaire, qu'il est honteux
d'avoir retranchée en privant la Nation de nos
meilleures troupes, & par gradation porter la
splendeur du Trône au point où tout bon François doit la désirer. Le systême de Law seroit
dans ce moment absolument illusoire, puisque
nous n'avons pas en France la valeur numéraire de notre dette & de nos besoins en circulation effective; il faut donc trouver un autre
moyen pour combler ce gouffre qui pourroit nous
engloutir, entraîner la ruine du Royaume & des
sujets. La chose n'est pas absolument impossible;
essayons de trouver un moyen tel, qu'il soulage
le Peuple & l'Etat sans blesser les propriétés.
Il n'est pas possible d'augmenter l'impôt en proportion du déficit reconnu dans le Compte rendu
en 1788, outre que le Peuple ne pourroit le
payer, que les terres, le commèrce & l'indus-
trie sont surchargées; le payement des arrérages
laissant subsister la dette nationale, l'impôt de-
viendroit perpétuel, sans espérance de le voir
cesser. Il faut donc couper au vif, & se déter-
miner à rembourser l'entier capital sans gêner
le Commerce, & encore moins les Laboureurs,
de toutes les classes d'hommes la plus précieuse
& la moins considérée. Pour y parvenir indubi-
tablement & en très-peu de temps, je vais ex-
poser mon plan. Je le livre à la critique, bien
persuadé, intimément convaincu qu'il sera in-

finiment agréable aux bons François qui aiment leur Roi & la Patrie.

Contribution forcée , contribution volontaire pour éteindre le capital du déficit.

La contribution que j'appelle forcée , deviendra certainement volontaire dans le fait, par l'acquiescement généreux de ceux qu'elle concerne & que je crois devoir y assujettir comme étant célibataires, conséquemment point chargés de l'entretien d'une famille, & n'ayant pour toute charge que leur personne. Le préjudice qu'elle pourra leur causer, ne sera que l'emploi de leurs richesses à l'objet pour lequel les Fondateurs l'ont originairement destiné, emploi que leur conscience leur impose la loi de faire, & qu'un abus perpétué leur a fait négliger. Il est juste d'ailleurs, comme le disoit au Roi Louis XIV, le Cardinal de Noailles, dans son discours après l'assemblée du Clergé en 1705, que tenant de la libéralité des Rois une grande partie de leurs biens, ils soient employés au service de l'Etat quand il est nécessaire ; il est juste que les aumônes que l'Eglise a reçues des Fideles servent à leur soulagement quand ils souffrent ; il est juste enfin que le Clergé contribue à la défense de l'Etat, puisqu'il en fait partie. Ce Prélat auroit dû ajouter que tous les Conciles ont constamment, dans leurs Loix de discipline, consacré cette maxime, que, lorsque le Prélat & tous autres Bénéficiers ont pris sur leurs revenus l'habit & l'honnête nécessaire, ils emploient tout le reste aux besoins de l'Etat & du Peuple qui ne les a rendus que dépositaires

des biens eccléfiaftiques. D'ailleurs le facrifice
que je demande n'étant que momentané, ils fe
déshonoreroient, s'il leur échappoit la moindre
plainte ; deux années fuffiront pour la durée de
cette contribution, & le déficit fera comblé. Ils
auront la douce fatisfaction d'y avoir contribué,
& la Nation fera libérée. Je m'explique.

Il y a en France dix-huit Archevêchés ; je les apprécie
l'un dans l'autre à 70,000 liv. de revenu feulement, toutes
charges déduites, & je les fais contribuer pour moitié de
leur revenu ; cette contribution produira en fomme réelle
celle de. . . . .   630,000 liv.

    Cent Evêchés, dont j'évalue le revenu
l'un dans l'autre à 50,000 l. que je fais
auffi contribuer pour moitié, ce qui
donne un produit de.   2,500,000

    654 Abbayes en commande, que j'éva-
lue l'une dans l'autre à 8000 l. tous frais
déduits ; moitié du revenu produira. . . .   2,616,000

    200 Abbayes de filles, que j'évalue à
6000 l. toutes charges déduites, contri-
bueront pour 1000 l. chacune, ci.   200,000

    50 Gouverneurs des Provinces, y com-
pris ceux des Maifons Royales qui ont
25,000 l. chacun d'appointemens, contri-
bueront pour 10,000 l. chacun, ci.   500,000

    Les Lieutenans-Généraux des Provinces,
que je ne fuppofe qu'à 50, payeront
chacun 2000 l. ou 100,000 l. à répartir
entre eux, ci.   100,000

    150 Cathédrales ou Collegiales à 3000
liv. l'une dans l'autre, ci.   450,000

    654 Abbayes ont chacune un Monaf-
tere qui payeront 1000 l. chacun.   654,000

    200 Monafteres d'hommes fans Ab-
bayes, à 1000 l. chacun.   200,000

    25 millions de penfions payées par
l'Etat, payeront environ un tiers.   8,000,000

                 Total. . . . .   15,850,000 liv.

Contribution volontaire.

» Les François (difoit François Ier. à Henri
» II, fon fucceffeur en 1547) font le meilleur
» peuple qui foit au monde, & méritent d'au-
» tant plus d'être bien traités, qu'ils ne refufent
» rien à leurs Rois dans leurs befoins «.

Je fuis fermement convaincu, mes chers Compatriotes, que nous n'avons pas dégénéré depuis
1547 , & que nous fommes dignes de nos aïeux.
Ils aimoient leurs Rois, nous les chériffons tendrement, nous nous intéreffons vivement à leur
confervation, à leur bonheur, à la fplendeur du
Trône de la Nation, & à notre propre gloire. Nous
aimons à fecourir nos Monarques; & nous-mêmes,
dans les befoins preffans de notre Etat, de notre
famille commune, pourrions-nous, dans un moment auffi critique, nous refufer à en donner des
preuves effectives, non feulement à notre bon
Prince, à notre Souverain bienfaifant, à nous-
mêmes ? Car c'eft nous-mêmes qui fommes les
vrais débiteurs de la dette nationale : attendrons-
nous que nos Députés aux Etats-Généraux, jaloux, avec raifon, de la gloire de leurs freres qu'ils
repréfenteront, confentent néceffairement à une
très-forte augmentation de l'impôt pour payer le
déficit ? N'eft-il pas cruel pour des bons François de penfer que cette augmentation d'impôt,
qui fubfiftera autant que la dette, portera fur le
malheureux Cultivateur déjà écrafé du poids des
impôts actuels, fur les ouvriers en tout genre
qui peuvent à peine fournir à leur fubfiftance,
fur une infinité de néceffiteux honteux & men-

dians qui périffent de mifere, & que nous ne
pourrons plus affifter ? Ah ! de grace, mes chers
Compatriotes, réfléchiffons férieufement fur notre
fort & fur celui de nos freres malheureux ; rap-
pelons-nous avec attendriffement, avec admiration, les économies multipliées que notre Souverain a faites fur fa propre Maifon, fur celle
de la Reine, fur celles de fes Freres & de fes
Enfans qui font ceux de la Nation. Soyons auffi
généreux que lui, imitons un fi bel exemple,
tranchons au vif, ferrons nos befoins, privons-
nous de nos plaifirs, pour éteindre ce malheureux
déficit, faifons-nous une perfpective agréable d'un
avenir très-prochain ; une légere contribution
pendant deux années fera difparoître ce déficit :
écartons les Cultivateurs, les Ouvriers, les malheureux de leur quote-part ; montrons-nous tels
que nous fommes, c'eft-à-dire, bons François,
fujets zélés, aimant leur Roi & la Patrie ; que
les Nations étrangeres apprennent que nos reffources font dans nos propres cœurs, & que tout eft
poffible à une Nation qui aime fon Prince ; ce
que nous payerons volontairement de la main
droite, nous rentrera par la gauche : nous nous
devons à nous-mêmes, faifons donc notre bonheur commun. Déjà, par mon premier plan de
libération, nous parviendrons, en foulageant nos
maux par la profcription de l'agiotage, à rembourfer nos rentes perpétuelles par gradation an-
nuelle, & à foulager la caiffe nationale des arrérages qui feront payés jufqu'à l'entier rembour-
fement, à bureau ouvert & à toutes lettres, en
Janvier & Juillet ; le payement du déficit dans
un court efpace de temps, nous libérera d'une
C iv

partie de l'impôt à payer annuellement : alors
notre Souverain fera empreffé de commencer par
réduire les tailles, l'Agriculture foulagée nous
fournira des blés à meilleur marché , la claffe
la plus indigente aura à bon compte le pain,
aliment de premiere néceffité, le Cultivateur ne
craindra plus d'accroître fa famille, la population augmentera confidérablement, & ces bras
précieux, accoutumés au travail, multiplieront nos
poffeffions territoriales par le défrichement des
terres incultes; nos Manufactures en tout genre
feront encouragées , notre commerce languiffant
fleurira ; nous ferons le bonheur de nos enfans
& de notre poftérité , elle nous bénira comme les
auteurs de leurs jours & de leur félicité. Puiffent
ces vérités frappantes s'imprimer dans les cœurs
de tous mes Compatriotes, & faire féconder la
contribution volontaire dont je vais établir le
plan par un apperçu dont la poffibilité fait le plus
grand bonheur de ma vie !

Fixons d'abord le fiége, la maffe du mal ; le
déficit eft, fuivant le compte de 1787, rendu au
Roi en 1788, de la fomme de 160,827,492 l.
pour l'année 1787, & il y a nombre d'engagemens à remplir pour 1788, 1789 & années fuivantes, de dettes particulieres à éteindre , des in-
demnités dont l'Etat paye les arrérages des capitaux, des acquifitions dont les capitaux font
dus & les intérèts portés à la charge des revenus,
des dettes exigibles fur les Maifons de Leurs Al-
teffes Royales Mgrs. les Freres du Roi , qu'il eft
de toute juftice de rembourfer, enfin des dépenfes extraordinaires connues, d'autres qui fur-
viennent journellement. Ce font tous ces enga-

gemens pris par le Roi, qui me déterminent à fixer le capital du déficit à un milliard , & je crois être au deſſous de la vérité. En conféquence, & pour compléter tout d'un coup ce déficit & l'éteindre ſans retour, je penſe qu'après avoir prélevé ſur les biens ecclefiaſtiques la ſomme de quinze millions 850,000 l. dans le cours d'une ſeule année , & trente-un millions 700,000 l. en deux années, il eſt naturel d'inviter les Citoyens riches, ainſi que les aiſés, à venir au ſecours de la Nation dans la forme que je vais établir.

Contribution volontaire pour deux années à la Caiſſe Nationale.

Je ſuppoſe 24 millions d'ames en France , j'en mets hors de compte 12 millions pour les Agriculteurs, payſans, femmes, enfans, domeſtiques, & ouvriers.

J'en écarte encore 6 millions étant peu aiſés , mais vivant bourgeoiſement.

J'en ſupprime encore 4 millions, comme n'ayant que l'abſolu néceſſaire.

Je diviſe les 2 millions qui me reſte en quatre claſſes,

S A V O I R :

Cent mille d'opulens, que je fixe à 1000 l. pendant deux ans , produiront . ∽ 200,000,000.

Cinq cent mille riches, que je fixe à 500 l. par an , produiront pour deux ans.......................... 500,000,000.

Un million d'une fortune aiſée à 200 l. par an, produiront pour deux ans..... 400,000,000.

Quatre cent mille ayant une fortune
au deſſus du beſoin, à 150 l. chacun
pendant deux ans.................. 120,000,000.
Enfin le Clergé contribuera, ainſi que
les Gouverneurs, Lieutenans-Généraux
des Provinces, & les Penſionnaires, pour. 31,700,000.

Total de la contribution pour les
deux années ci................... 1,251,700,000.

Ce qui opere non ſeulement l'extinction totale
du déficit, mais facilite encore celle de beaucoup
d'autres parties.

La ſoumiſſion de chaque individu contribuant
volontairement, ſera ainſi conçue :

Contribution volontaire patriotique.

*Au premier Janvier 1790, je payerai à la
Caiſſe Nationale la ſomme de*
pour ma contribution vo-
lontaire. A   ce   1789.

P I E R R E   D U V A L.

Et au dos des billets, qui ſeront au nombre de quatre, payables de ſix en ſix mois, ſera écrit ce qui ſuit.

P I E R R E D U V A L, Négociant à Lyon, rue
S. Jean, n°. 5.

Chaque patriote mettra ainſi ſes noms, qualités, demeure, ville, bourg ou village de ſa
réſidence, & fera quatre billets ſur une même
page, de façon qu'on puiſſe les couper. Il ſera
imprimé autant de quittances qu'il y aura de
contribuables volontaires, & lors du payement
de chacun deſdits billets, il ſera remis une
quittance conçue en ces termes :

Pour quittance de la somme de

payée par M. Pierre Duval *;*
Négociant à Lyon *, pour sa contribution*
volontaire & patriotique , & sera signé
de celui qui sera préposé ad hoc *dans*
chaque Capitale de Province , ville du se-
cond ordre , bourg & village.

Les billets de contribution volontaire seront
reçus à Verfailles, par Monfeigneur le Dauphin
& par Monfeigneur le Duc de Normandie , premiers Enfans de la Nation ; ils feront affiftés, à
deux Bureaux différens, par deux Maréchaux de
France, deux Confeillers d'Etat, & deux Maîtres des Requêtes, & accompagnés de deux
Affiftans qui placeront les billets dans des car-
tons, pour enfuite les enregiftrer par ordre de
numéros, & par ordre alphabétique & fommes.

A PARIS,

Le premier Bureau fera tenu par M. le Duc
d'Orléans & par M. le Duc de Chartres, affiftés
de deux Maréchaux de France , de deux Maîtres
dés Requêtes, & de deux Prépofés pour recevoir
les billets & les enregiftrer comme deffus.

Le fecond Bureau fera tenu par M. le Prince
de Condé & M. le Duc de Bourbon, affiftés
comme ci deffus.

Le troifieme par M. le Duc d'Enghien & M.
le Prince de Conti , auffi affiftés comme les autres Princes.

Le quatrieme par M. le Duc de Penthievre,
affifté de M. le Garde des Sceaux, & accompagnés
comme ci-deffus.

Dans la capitale de chaque Province , par le Gouverneur de la Province , le Commandant & le Premier Préfident, affiftés de deux Notables Bourgeois & de deux Prépofés pour enregiftrer les billets.

Dans les villes du fecond & troifieme ordre, par le Lieutenant-Général de la Senéchauffée ou Bailliage Royal, affifté du Procureur du Roi & de quatre Notables Bourgeois choifis par la Municipalité.

Dans les bourgs, par le Juge Royal ou Seigneurial, le Procureur Fifcal , le Curé, & quatre Notables choifis comme ci-deffus.

Dans les villages, par le Seigneur du lieu , le Curé, le Syndic & deux Notables choifis dans l'Affemblée Paroiffiale.

Tous les Bureaux feront ouverts lé premier Juillet prochain, & tiendront trois jours par femaine, favoir, le Mardi, Mercredi & Jeudi, depuis dix heures du matin jufqu'à deux heures.

Le Vendredi, il fera dreffé un état des billets dans la forme ci-deffus prefcrite ; ils feront remis par les bourgs & villages avec un double de l'état, au Bureau de la ville du premier, fecond ou troifieme ordre, lequel les fera paffer tous les quinze jours dans le Bureau de la ville capitale. Là il fera fait un état général des billets, des noms, furnoms, qualités & demeures des Soufcripteurs, ainfi que des fommes pour lefquelles ils feront caufés, & cet état général fera envoyé au Bureau général national, à Paris, où fera tenu une affemblée générale tous les mois, & à laquelle affiftera le Miniftre des Finances. Quant aux billets, ils demeureront dans le Bureau de la ville capitale de chaque Province.

Tous les mois, après l'assemblée générale des Bureaux de Paris, il sera dressé un état général par Province, des noms des Souscripteurs & des sommes énoncées dans leurs billets, & cet état sera imprimé & affiché dans Paris & dans chaque capitale de la Province, villes du premier, second & troisieme ordre, bourgs & villages.

Chaque contribuable pourra souscrire comme il le jugera à propos; mais sa contribution ou billet ne pourront être au dessous de 150 livres; il faut cependant se flatter que les Citoyens opulens ne se borneront pas à 1000 livres par année.

Comme les bons François s'empresseront de contribuer à la restauration de l'Etat par leur contribution volontaire, il n'est pas juste que les mauvais freres puissent se cacher, même à leurs Concitoyens, ainsi qu'au Général de la Nation, qui sacrifiera son aisance momentanée pour le salut de l'Etat; en conséquence je suis d'avis que Sa Majesté imprime aux bons François une marque distinctive qui puisse démasquer les égoïstes; il faut ordonner que les contribuables porteront au premier bouton supérieur de leur habit, sans distinction d'état, car nous sommes tous freres, un bouton d'argent mat, avec une fleur de lis d'or au milieu; & les femmes veuves, & filles usant de leurs droits, porteront au cou, avec un petit ruban verr, une petite plaque d'argent aussi ronde, avec la même fleur de lis d'or : cette marque de distinction pour les chefs de famille, passera à perpétuité à leurs descendans

mâles & femelles , afin que les Nationaux &
les Etrangers puiffent , dans tous les temps ,
connoître les races des bons Patriotes , obfer-
vant que cette marque de diftinction ne pourra
être portée par les enfans du contribuable , qu'autant qu'au moment de la contribution ils ne
feront pas mariés ; car s'ils le font , les mâles ,
chefs de famille , n'ayant pas contribué , ne doivent pas avoir cette décoration , ni les filles
étant mariées à des Citoyens qui n'auroient pas
contribué.

On obferve que dans le nombre de ceux qui
pourront être décorés de cette diftinction honorable , fe trouveront compris les Prieurs & Cha-
pelains ou poffeffeurs d'autres bénéfices , Sécu-
liers , Curés & Vicaires même , Chanoines , qui
auront contribué en leur nom perfonnel , & fé-
parément de leurs corps , comme ne faifant pas
partie du haut Clergé. Les Religieux , les Célibataires , les Religieux & Chevaliers de Malte ,
& tous autres , pourront auffi porter cette marque
diftinctive , comme ayant foufcrit pour la libération de la Patrie.

Il fera fait défenfe à tous autres de fe dé-
corer de ce bouton , à peine , contre la No-
bleffe , de déchéance pour eux & leur poftérité , & contre tous les autres Citoyens , d'une
amende de 300 liv. , payable fur le champ , ou
tenant prifon jufqu'au payement , ladite amende
applicable aux pauvres de la Paroiffe fur laquelle ils auront été pris en fraude.

L'état des contribuables fera infcrit fur un
livre qui demeurera dépofé , à perpétuité , dans
les Hôtels de Ville , & mis fur un tableau placé

dans la falle commune , & dans les bourgs &
villages, dans la falle d'audience des Juſtices Sei-
gneuriales , ou chez les Curés , dans le lieu le
plus apparent.

Chaque Citoyen qui aura contribué pour 2000
livres pendant chacune des deux années , aura
la faculté d'exempter un ſujet de la milice
pendant chacune deſdites deux années , & ce
ſeulement dans le lieu de ſon domicile de fait ,
& deux , s'il la porte à 3000 livres , & ainſi pro-
greſſivement ; il aura de plus le droit d'avoir la
premiere place dans toutes les aſſemblées , &
d'abord après le Clergé & la Nobleſſe , portant
la marque de diſtinction ; car ſi le Noble n'en
eſt pas décoré, le contribuable de l'eſpece ci-
deſſus le précédera , à perpétuité , quel que ſoit
ſon rang & ſa dignité , la plus précieuſe de toutes
les qualités étant celle d'un bon François , aimant ſon Roi & ſa Patrie.

Tel eſt , mes chers Compatriotes , le ſecond
moyen de libération de l'Etat que je vous propoſe ; il eſt doux & très - honorable pour la
Nation & pour chaque Particulier. Puiſſe - t - il
être ſuivi & exécuté par tous nos freres jaloux
de leur réputation ! ils auront le précieux avantage d'avoir contribué au payement de la dette
publique & au ſoulagement de tous les Peuples
François , qui pourront répéter alors avec François Premier :

" Les François ſont le meilleur Peuple qui
" ſoit au monde, & méritent d'autant plus d'être
" bien traités , qu'ils ne refuſent rien à leurs
" Rois dans leurs beſoins ".

TROISIEME PLAN pour la Reftau-
ration de la chofe publique.

Contrat National viager.

Les befoins de l'Etat ont néceffité jufqu'à préfent l'exiftence des Loteries, jeu de hafard ruineux, auquel la claffe la plus indigente du Peuple facrifie fon néceffaire & celui de leur famille, dans l'efpérance d'autant plus trompeufe d'un meilleur fort, qu'elle conduit toujours à l'indigence la plus affreufe, & quelquefois au défefpoir : les exemples n'en font même que trop multipliés ; les gens en fervice, comme les Domeftiques, Cochers, Cuifiniers, & autres Gagne-deniers, y précipitent leurs économies, leurs gages, & quelques-uns finiffent par devenir voleurs, pour fournir à ce jeu déteftable, qui fait fans ceffe lutter les Citoyens les uns contre les autres, & qui, pour un feul heureux qu'il fait, en rend plufieurs milliers malheureux pour toute leur vie. La fuppreffion de toutes les Loteries feroit un grand bienfait du Roi, & c'eft pour y fuppléer par un jeu plus fage, plus utile à toutes les claffes des Citoyens, que je propofe de créer des rentes viageres dans une forme abfolument neuve ; rentes viageres qu'on pourra perpétuellement acquérir ; la Caiffe Nationale devant être continuellement ouverte pour recevoir tous les jours les fommes que chaque Citoyen voudra y porter pour avoir un contrat national viager, dont les arrérages feront déclarés infaififfables même pour les deniers du Souverain,

(49)

verain , cet établiſſement devant être facré , &
fervir de perpétuel aliment à toutes les claſſes
des Citoyens , & fervir à accroître & foutenir
le commerce maritime de la Nation , comme je
le développerai dans un moment.

*Diviſion des claſſes des Rentiers viagers ſans
retenue.*

P R E M I E R E C L A S S E.

1°. Depuis le jour de la naiſſance juf-
qu'à 20 ans, à . . . .   7 p.
2°. Depuis 20 juſqu'à 40 ans, ...   8 p.
3°. Depuis 40 juſqu'à 60 ans, ...   9 p.
4°. Depuis 60 juſqu'à 80 ans, ...   10 p.
5°. Depuis 80 juſqu'à 100 ans, ...   12 p.

O B S E R V A T I O N.

Après dix années , à compter de la datte de
l'Edit perpétuel des Rentes viageres , les Porteurs des contrats nationnaux viagers de la 3e.
4e. & 5e. claſſe , pourront eſpérer un doublement de leurs rentes dans la forme qui ſuit.

Les numeros des contrats viagers de ces trois
claſſes feront placés dans une roue de fortune ,
& dans une feconde des lots de doublement
à raiſon de dix par mille.

Quant aux deux pemieres claſſes , les numeros
de leurs contrats feront auſſi mis dans une roue
de fortune , & dans une autre des lots auſſi à
raiſon de dix par mille pour doublement de
moitié de leur rente.

La 4e. & 5e. claſſe pourra difpofer de moitié
de la rente viagere par donation , legs ou autre-
ment , en faveur de perfonne de même âge , &

D

le donataire ou légataire ne pourra jouir que
dans un an, à compter du jour du décès du
donateur ou teftateur.

Il fera, tous les dix ans, fait un pareil tirage
dans la même forme, avec cette différence que
les numéros qui auront gagné un premier doublement de la rente viagere originaire, ne pourront jamais gagner que le doublement de la premiere rente, & jamais celle du doublement
obtenu dans un premier tirage, & que les numéros qui auront gagné, dans la premiere &
feconde claffe, un demi-doublement, ne pourront de même obtenir qu'un doublement de la
premiere rente conftituée.

A l'égard des Rentiers viagers âgés de 80
ans & au deffus, à l'époque de chaque tirage de
dix en dix ans, ils pourront gagner le doublement de toute la rente originaire, ainfi que de
tous les doublemens qu'ils auront obtenus par la
voie du fort, fans cependant pouvoir difpofer
de moitié de ces doublemens, mais feulement
de la moitié de la rente originaire, aux condi-
tions ci-deffus énoncées.

Tous les numéros des contrats gagnant par
doublement ou demi-doublement, qui appartien-
dront à des perfonnes décédées avant ou pendant
le tirage, ou fix mois après, dans le courant
néanmoins de l'année dudit tirage, & dont le
décès feroit inconnu, feront payés, pour une
année feulement, à leurs héritiers ou créanciers.

Tous ceux qui auront placé en viager fur la
caiffe nationale 20,000 liv. & au deffus, pourront obtenir à chaque tirage le doublement, non
feulement de la rente originaire, mais encore
de tous les doublemens qui leur feront échus par
la voie du fort; & dans le cas où un citoyen qui

auroit placé 10,000 l. & au deſſus à la caiſſe nationale , viendroit à décéder dans l'année de la
date de ſon contrat , moitié du capital ſera rem-
bourſé à ſes héritiers ou créanciers.

Les placemens pourront ſe faire à raiſon de
300 liv. de capital & au deſſus, à quelque ſomme
qu'ils puiſſent monter , la caiſſe nationale don-
nant la facilité d'un auſſi léger placement de 300 l.
pour faciliter au peuple le placement de ſes épar-
gnes, qui ſera infiniment plus avantageux & plus
utile que les billets menſongers qu'ils mettent à
des Loteries qui abſorbent inſenſiblement toutes
leurs facultés. Ce placement leur procurera, ainſi
qu'à leur famille, une reſſource & une ſorte d'aiſance dans leur vieilleſſe ; & c'eſt ainſi qu'un
Souverain doit pourvoir au bien-être de la claſſe
la plus utile & la plus néceſſaire. Ces rentes
déchargeront les Hôpitaux d'une infinité de malheureux qui n'y entrent que pour y périr.

Dans le cas où un citoyen qui auroit placé
300 liv. en contrat national viager , voudroit
augmenter ſa ſomme capitale, la doubler & la
tripler , & ainſi de ſuite, il lui ſera expédié un
nouveau contrat ſous ſon même N°. , dans lequel la nouvelle rente ſera exprimée ; mais il
ne pourra entrer dans la roue de fortune que
pour ſon N°. originaire, à moins que la nouvelle conſtitution ne fût à un plus fort intérêt ,
ſuivant la gradation de ſon âge.

Il eſt certain que les rentes viageres étant infiniment au deſſus des intérêts viagers accordés
par tous les autres Etats , les Etrangers, qui ſeront à cet égard cenſés Regnicoles , nous appor-
teront leur numéraire & le multiplieront en France,
d'où il ne faut pas ſe déguiſer qu'il en eſt ſorti
une très-grande quantité.   D ij

La forme de ce contrat sera infiniment simple & peu dispendieuse ; il sera fait double, & à cet effet, il sera, comme pour le contrat national perpétuel, fait des regiſtres à deux colonnes qui renfermeront le double contrat conçu en ces termes :

CONTRAT NATIONAL viager, N°. 1.

Le sieur Jean-Baptiste Loget est propriétaire de   livres de rente viagere, qui lui sera payée annuellement de six en six mois à la caisse nationale, pour laquelle il a payé un capital de   & en cas de lot de doublement, il lui sera expédié un nouveau contrat dudit doublement sous le même numéro.
A PARIS, ce 18 Mai 1789.

Ce contrat sera rempli double sur le regiſtre, & l'un d'eux remis au propriétaire ; l'autre restera pour minute ès mains du Greffier ou dépoſitaire des regiſtres.

Il sera signé comme le contrat national perpétuel, & l'expédition ainſi que la minute par le Rentier, de sorte qu'il pourra donner sa quittance sur papier mort & sans frais.

Il est naturel d'obſerver que les capitaux des rentes & les arrérages viagers augmenteront la dette nationale, ou en formeront une nouvelle : j'ai prévu cette objection, & ma réponſe va suivre. Je la dois d'autant plus à mes Compatriotes, qu'il semble contradictoire que j'aye préſenté deux plans de libération, & un troiſieme formant une nouvelle dette.

La caiſſe nationale des capitaux placés en rentes viageres, sera totalement iſolée de celle de la caiſſe de l'Etat, & sera régie sous l'inſpection de plusieurs Commissaires qui s'assembleront une fois par mois dans le lieu à ce destiné dans l'hôtel où cette caisse sera placée.

COMMISSAIRES.

Le Ministre des Finances.

Les Premiers Présidens & Procureurs-Généraux des quatre Cours Souveraines.

Le Lieutenant Civil du Châtelet de Paris.

Le Prévôt des Marchands.

Le Doyen des Echevins.

Et huit notables Bourgeois élus par le Peuple.

Le Garde du tréfor national viager.

Le Caissier.

Et les Chefs des Bureaux, lorsqu'ils y seront mandés par MM. les Commissaires.

Il restera toujours en caisse les fonds nécessaires pour payer les rentes viageres à toutes lettres dans le courant des mois de Janvier & Juillet.

Quant aux autres fonds, ils serviront à augmenter le Commerce national, & seront prêtés avec caution aux Manufactures Royales & autres, ainsi qu'aux Négocians des places maritimes, ou à ceux qui prennent deniers à la grosse à de très-forts intérêts, mais qu'ils ne payeront à la caisse nationale viagere qu'à raison de dix p $\frac{o}{o}$; les prêts seront faits sur bonnes lettres de change bien endossées, pour une année & plus, suivant les circonstances & la longueur des expéditions de terre & de mer. Cet intérêt doit paroître d'autant moins effrayant, que l'argent à la grosse pour le Commerce maritime coute le moins 25 p. $\frac{o}{o}$, & quelquefois beaucoup plus, & que quant au Commerce d'armement & Commerce intérieur, l'achat au comptant procure au Négociant, ainſi qu'au Manufacturier , un avantage très - conſidérable , tant pour la qualité des marchandiſes , que pour le crédit à ſix mois & un an.

D'ailleurs , trouvant aiſément des fonds ſous la main dans toutes les places maritimes où il ſera établi une caiſſe nationale, ainſi que dans les capitales & villes de commerce des Provinces , l'activité de notre commerce, ainſi que nos bénéfices , quadrupleront , les ſujets s'enrichiront , les droits du Roi ou de l'Etat augmenteront conſidérablement , & pourront procurer du ſoulagement aux Agriculteurs , qui alors ſe livreront à des défrichemens conſidérables, qui , augmentant la culture de notre ſol , répandront l'abondance dans le Royaume , & attireront les fonds des Etrangers auxquels nous vendrons notre ſuperflu. La population augmentera en proportion de l'aiſance , & la France ſera déſormais un jardin où l'utile & l'agréable ſe réuniront. Notre judicieuſe tolérance a déjà rapelé un grand nombre de nos freres , notre population & notre aiſance attireront beaucoup d'Etrangers qui le deviendront , & ne feront plus avec nous qu'un ſeul peuple ſous le Monarque le plus chéri & qui mérite le plus de l'être.

Tel eſt, SIRE, & vous, mes chers Compatriotes, le Plan général de la Reſtauration de l'Etat que je vous propoſe : je n'ai eu en vue que notre bonheur commun, & je ſerai trop heureux ſi la Nation peut croire que j'ai fait quelque choſe d'utile.

RÉSUMÉ GÉNÉRAL.

Les diſſipations des regnes précédens, des emprunts à gros intérêts , ont été l'origine du mal.

La violation de la parole ſacrée du Chef de

la Nation & des enregiſtremens ès Cours, par la
réduction des rentes, la ſuppreſſion criminelle des
Tontines, & l'impôt forcé au delà du néceſſaire,
ont énervé & preſque anéanti notre crédit national, & aggravé notre ſort.

Les emprunts ſans meſure, pour ſatisfaire plutôt
à des dépenſes inutiles qu'à des rembourſemens
ſacrés & ſuſpendus, ont complété nos malheurs.

La derniere tentative pour un emprunt de 500
millions, étoit une opération abſolument fauſſe;
car outre l'augmentation que cet emprunt formoit
avec le déficit, il ne pouvoit tout au plus que
liquider la main droite pour endetter la main
gauche de l'Etat du même corps débiteur. Il étoit
plus ſage de doubler l'impôt pour deux ans, de
payer le déficit avec ce doublement, que de
l'augmenter ſans la plus légere eſpérance de ſoulager le peuple. Ce moyen étoit violent, j'en con-
viens; mais cette criſe douloureuſe ſauvoit l'Etat.

L'Aſſemblée des Etats - Généraux remédiera-
t-elle à tous nos maux? S'ils n'y apportent pas le
remede le plus efficace, le plus prompt, notre ſi-
tuation ne deviendra-t-elle pas encore plus critique, peut-être même plus dangereuſe?

Le chaos de nos effets rentiers perpétuels &
viagers, de nos effets royaux ou nationaux,
comme on voudra, n'eſt-il pas le comble de la
déraiſon? & ma ſage propoſition de les réduire
à un ſeul, en ſimplifiant la connoiſſance de la
dette nationale en même temps qu'elle opere une
circulation plus facile & plus libérative pour les
ſujets, ne donne-t-elle pas un produit conſidérable en ſoulageant la Nation & détruiſant l'infamie, l'atrocité uſuraire de l'agiotage?

Les contributions forcées & volontaires de la
part du Clergé, ramenent les dons exceſſifs de

nos peres à leur vraie deſtination, la libération
de l'Erat, & le bonheur du Chef & des Membres forme la premiere deſtination de ces biens
uniquement donnés à l'Egliſe, non pour entretenir le luxe des Miniſtres, mais ſeulement pour
leur veſtiaire & nourriture; le reſte appartient au
peuple néceſſiteux, & dans l'hypotheſe, c'eſt l'uni-
verſalité de la Nation qui a cette néceſſité.

A l'égard de la contribution volontaire des
quatre claſſes de citoyens que j'ai formées, elle
eſt ſi modique, ſi honorable, d'une ſi courte durée,
que je puis aſſurer qu'elle doublera ſon produit
par le zele national; & la diſtinction des bons
d'avec les mauvais François, m'eſt un ſûr garant
que chaque individu fera les derniers efforts pour
ſe ranger dans la claſſe des bons; diſtinction au
ſurplus qui notera d'infamie aux yeux de toutes
les Nations ceux qui n'auront pas fait leur devoir pour ſe la procurer.

Enfin, le troiſieme moyen conſiſtant en rentes
viageres nationales, ouvre une route à l'aiſance
à tous, en même temps qu'il ſauve nombre de
familles du naufrage où le conduit infailible-
ment la fureur des Loteries, jeu qui n'enrichit
qu'un ſeul individu en faiſant le malheur de tous.

Je terminerai cet Ecrit patriotique en formant
des vœux pour la conſervation du Chef de la Nation, pour le bonheur des Membres préſens &
futurs, & en témoignant le déſir le plus ſincere
de voir longues années en place un Miniſtre des
Finances citoyen, qui ne dédaignera pas ſans doute
de peſer dans ſa ſageſſe un Plan de Reſtauration
qui ne bleſſe les intérêts de perſonne, & doit
néceſſairement produire un bien univerſel.

F I N.